SAINT-RAMBERT-EN-BUGEY

L'ABBAYE -- LA CRYPTE

L'ÉGLISE

LA RECLUSERIE

BOURG

Imprimerie du COURRIER DE L'AIN

1896

Extrait des ANNALES *de la Société d'Emulation de l'Ain, tome XXVIII.*

SAINT-RAMBERT-EN-BUGEY

L'ABBAYE — LA CRYPTE — L'ÉGLISE — LA RECLUSERIE

BIBLIOGRAPHIE. — *Gallia Christiana*, t. IV, col. 254. — *Acta Sanctorum*, au treize juin, p. 694. — Duchesne, *Hist. Franç. Script.* t. I. — H. Leymarie, *Notice histor. et descript. sur la ville et l'abbaye de Saint-Rambert-de-Joux*, Lyon, 1854. — Guichenon, *Hist. de Bresse et de Bugey*, p. 96, et preuves, p. 229 et suivantes. — Idem, *Hist. de Savoie*, p. 45 et 75.— Idem, *Bibliotheca Sebusiana*, p. 138. — Valentin-Smith, *Bibliotheca Dumbensis*, p. 284. — Guillemot, *Monographie du Bugey*, p. 127. — Depéry, *Hist. hagiologique du diocèse de Belley*, t. I. — Chevalier, *Doc. inédits relatifs à Lyon*, p. 4. — Montfalcon, *Ludg. hist. monum*, p. 260. — *Obit. Lugd. Eccl.*, p. 203. — *Revue du Lyonnais*, 3ᵉ série, III, p. 415. — Aubret, *Mém. Dombes*, I, p. 453. — Collet, *Statuts de Bresse*, p. 16 et 53. — La Teyssonnière, *Recherches historiques sur le Département de l'Ain*, III, p. 9 et 28. — Jarrin, *la Bresse et le Bugey*, I, p. 111. — Guigue, *Topographie hist. de l'Ain*, pag. 359-361.— Brossard, *Inventaire des Archives de l'Ain*. Clergé régulier. Série H. Papiers de l'abbaye de Saint-Rambert, H. 1-49 ; — pap. de la chartreuse de Portes, H 218-354.

NOTICE HISTORIQUE

Saint-Rambert est un chef-lieu de canton de l'arrondissement de Belley (Ain). Voici son onomastique à travers les âges : *Bebronnensis locellus ; ad quemdam locum Bebronne vocabulo; Sanctus Ragnebertus, Ranebertus, Renebertus, Ragnibertus Jurensis; in Saint-Raimberto; Saint-Ragnebertus in Jugo;* Saint-Rambert-de-Joux ; Saint-Rambert-en-Bugey. — C'était une paroisse sous le vocable de saint Antoine, à la collation de l'abbé du lieu.

Une grande quantité d'objets antiques, haches en bronze, inscriptions gallo-romaines, des médailles, meules, tuiles, poteries, recueillis à Saint-Rambert prouvent que cette petite ville était déjà un centre de population de quelque importance au commencement de notre ère.

Suivant la curieuse légende de saint Domitien, rapportée par Guichenon, ce lieu n'aurait été, au commencement du ve siècle, qu'un désert jadis hanté par des faux monnayeurs, un lieu innommé.

Saint Domitien, issu d'une noble famille romaine, fuyant les bruits du monde, et recherchant loin de l'Italie une solitude profonde, s'y retira accompagné de quelques disciples. Il quitta donc Rome après avoir vendu son bien et distribué le prix aux pauvres. Il se réfugia d'abord à Lérins, puis il alla à Arles où saint Hilaire l'ordonna prêtre. De là il gagna Lyon, où l'évêque Eucher lui donna une table et des reliques pour célébrer les Mystères. Domitien vint s'établir alors à Axantia (Vanciat près Miribel), puis chassé de là par le voisinage bruyant de Lyon, il quitta ce plateau aride des Dombes, gagna les gorges du Bugey d'où l'Albarine descend dans l'Ain. Là, à un torrent qui se jettait sur ce point dans l'Albarine, il imposa le nom de Bébronne (actuellement Brevon), nom qui s'étendit depuis à l'emplacement sur lequel il fit édifier des constructions et deux oratoires : l'un dédié à la sainte Vierge, l'autre à saint Christophle. Notre saint, après avoir reçu les donations considérables que lui firent un homme noble du voisinage, Latinus, et son épouse Syagria, mourut en 440, âgé de 93 ans.

Suivant une autre légende, Bébronne, au VIIe siècle, n'était encore habité que par les disciples de Domitien, qui recueillirent et inhumèrent dans leur petit monastère le corps de saint Ragnebert ou Rambert, allié à la famille royale, et là assassiné, en 680, par les ordres d'Ebroïn, maire du palais sous le roi Thierry.

Ce nom de Saint-Rambert, popularisé par les miracles opérés sur son tombeau, supplanta celui de Bébronne, en demeurant, dès cette époque reculée, appliqué au monastère où reposaient ses restes et, par extension, au village qui bientôt se forma tout auprès.

La liste des abbés se trouve dans Guichenon. — L'abbaye fut mise en commande au XVIe siècle et sécularisée en 1788. Dix prieurés ruraux dépendaient d'elle, et un grand nombre de cures étaient à la collation des religieux. Après l'abbé, l'ordre des dignitaires se composait du grand-prieur, du chamarier, de l'aumônier, de l'infirmier, du sacristain, du chantre, du réfecturier, de l'ouvrier et du célérier. Le revenu, au siècle dernier, n'était que de 4,000 livres, consistant surtout en biens fonds sis dans le voisinage.

Voir pour les détails : Guichenon, Guigue, Leymarie et Jarrin, dans leurs ouvrages cités à la Bibliographie insérée ci-dessus.

Il est absolument nécessaire de conserver parmi nous le souvenir de l'abbaye de Saint-Rambert qui est assurément la plus vieille fondation religieuse de notre pays.

Pour ce faire, nous joignons au présent travail des plans, vues et dessins pris sur place par un de nos collaborateurs, M. l'abbé Jolivet.

Nous y joignons des textes imprimés dans de rares publications, il y a une quarantaine d'années, — textes peu connus et qu'on retrouve difficilement à l'heure actuelle. Ces textes, qui serviront à appuyer et à commenter les dessins de M. Jolivet, sont certainement meilleurs que toutes les notices que nous pourrions éditer ici. Nous leur laissons la parole et espérons, ce faisant, avoir fait œuvre utile pour le souvenir et la conservation d'une architecture qui se perd de plus en plus et dont nous tenons à garder le souvenir en l'honneur du passé de nos provinces de Bresse et de Bugey.

J. B.

SAINT DOMITIEN

La légende de Saint-Domitien était conservée dans les archives de Saint-Rambert : Guichenon l'a prise là. Ceux qui peuvent lire son latin naïf et barbare feront bien d'aller la chercher chez lui tout entière. En la comparant aux monuments écrits de la société qui achevait de tomber, aux *Pensées* de Marc-Aurèle son dernier beau livre païen, aux *Institutes* de Justinien son dernier beau livre chrétien, ils verront très bien eux-mêmes ce que nous avons gagné et perdu à cette révolution du ve siècle qui nous a livrés aux Barbares.

Domitien naquit à Rome sous Constance (mort en 361). Il quitta la ville après avoir vendu son bien et distribué le prix aux pauvres. Il se réfugia d'abord en ce couvent de Lérins (fondé entre 395 et 411), d'où allaient sortir les évêques du ve siècle auxiliaires fervents de la conquête Franke. Domitien resta là un an, vint entre 430 et 435 à Arles où saint Hilaire l'ordonna prêtre, remonta à Lyon où Eucher, un de ces évêques sortis de Lérins, lui donna pour célébrer les Mystères une table et des reliques. Ainsi pourvu, Domitien s'établit dans un lieu nommé Axantia (au nord-ouest de Miribel) et y mène un temps la vie érémitique avec des disciples que lui fait son renom de sainteté.

Deux causes le chassent d'Axantia — le voisinage d'une grande ville, les visites mondaines que ce voisinage amène aux solitaires lesquels, en ce temps, n'entendaient pas être solitaires de nom — la rareté des eaux ; Domitien est romain, c'est-à-dire d'une ville où au vɪᵉ siècle il y aura encore 9,026 bains.

Il quitte donc le plateau aride des Dombes se dirigeant vers le matin ; il entre dans les montagnes par la belle gorge qui en est comme la porte et d'où l'Albarine descend en écumant vers l'Ain. Près d'une source appelée Brébonne, en un lieu habité par des faux-monnayeurs, Domitien s'arrête, bâtit un oratoire à la Vierge, des cellules, plante un jardin, une vigne, puis avec ses compagnons appelés d'Axantia commence à cultiver la terre alentour.

Un jour, las du travail, de la chaleur, et pris du désir de se rafraîchir, les ermites quittent leurs vêtements et entrent nus dans l'Albarine. Un renard, bête rusée, se met à déchirer et à ronger les sandales de Domitien, ce que voyant le saint, il appelle l'ire d'en haut sur la petite bête féroce, *ferula*. Sa prière est exaucée avant d'être finie ; le renard est frappé de mort. La race avertie par cet exemple n'a depuis lors en ce lieu commis larcin. Les poules mêmes sont respectées par leurs ennemis naturels que l'on a vus parfois jouer, avec elles, *cum gallinis sunt visæ jocasse*.

A quelque temps de là vinrent une intempérie et une disette. Les vivres manquèrent à Brébonne. Domitien monta sur son âne et alla quêter à Torcieu, puis de l'autre côté de la montagne, chez Latinus, homme noble et puissant qui habitait là avec sa femme Syagria, dans une belle demeure, construite en grandes pierres et en marbre, au lieu dit Calonia, mais qui prenait le nom de son possesseur (Lagnieu). Latinus venait de quitter des oiseaux avec lesquels il se jouait. Il était descendu avec sa femme sur son aire où il regardait les vanneurs. Domitien de présenter sa requête : « Longue vie à vous, noble couple. Des serviteurs du Dieu vivant m'envoient à vous et aux autres nobles : ils manquent de pain ».

Mais Latinus : « Comment veux-tu que je te donne mon blé ? Tu ressembles plus à un mime qu'à un serviteur de Dieu ». Puis pour plus ample instruction, il demande à Domitien sa profession de foi. L'ermite confesse la foi d'Athanase, l'omoousie entre Dieu et Jésus. Latinus arien proteste. Ceux qui ressuscitent de notre temps cette controverse liraient avec curiosité ce qui suit. Latinus termine par une manière d'argument *ad hominem* ; il montre à son interlocuteur son fils tout jeune, et lui dit : « Serais-je homme sage si je conférais mon autorité à ce bambin ? — Domitien lui répond que sa sagesse est toute charnelle, puis en appelle au ciel, lequel ne se montre point sourd comme souvent il fait !

Il y avait près de là, sur les bords du Rhône (on en a peut-être trouvé les débris) deux vieux temples dédiés à Saturne et à Jupiter. Les gens des campagnes venaient encore furtivement y faire quelques libations aux anciens Dieux dépossédés, mais non dépopularisés. « Si mon opinion est la vraie, dit Domitien, que ces temples des démons croulent ! » Aussitôt le ciel se couvre, un orage affreux avec de violents tonnerres mugit, la terre tremble, les temples foudroyés tombent. — Une réédition augmentée d'un miracle de saint Martin antérieur de soixante ans. — Cependant Latinus épouvanté s'est réfugié en son palais. Syagria se jette aux pieds de son mari, lui demandant d'envoyer quérir le serviteur de Dieu ; elle a trouvé, elle, un visage quasi-angélique à cet homme que Latinius a pris pour un mime. L'Arien endurci croyait l'ermite mort ; il le retrouve sauf, faisant sur son âne le tour de l'aire, son bâton à la main, arrêtant du geste l'eau tombée à torrent et l'empêchant ainsi d'entraîner le grain.

Latinus tombe aux pieds du thaumaturge qui lui enseigne la foi de Nicée : en retour il veut le combler de biens. Domitien accepte seulement la possession de son ermitage — il s'y était établi, paraît-il, sans l'agrément du propriétaire, — de plus quelque bout de vigne d'où il puisse, lui et ses successeurs, tirer du vin pour le sacrifice.

Latinus donne l'ermitage, retenant toutefois pour lui et les siens le droit de chasse. Syagria y fait adjoindre « la vigne située au-dessus de la ville qui est appelée Vaux, laquelle est proche l'ermitage, et rend de très bon vin comme il sied d'en offrir à Dieu ».

Suit l'acte de cession ou de vente faite par les deux époux *pro æternæ vitæ præmio*, le prix n'étant pas moins que la vie éternelle. Cet acte serait de 455. Et l'ermitage de Brébonne, depuis Saint-Rambert, serait des établissements ecclésiastiques de notre pays celui qui aurait le titre le plus ancien, si cette légende curieuse était un titre.

(JARRIN. — *Hist. de Bresse et de Bugey*. I. p. 111.)

Crypte de l'ancienne Abbaye de St Rambert (Ain)
État actuel de l'abside centrale.

Abside septentrionale de la crypte de l'ancienne Abbaye de St Rambert.

A = Abside centrale (Une porte remplace actuellement la fenêtre du fond.
B, B' = Passage voûté.
C = Abside septentrionale.
D = Abside méridionale, non déblayée.
E = Chemin.
F = Entrée du jardin de l'Abbaye.
G = Soubassement primitif.

Plan de la crypte de l'ancienne abbaye de St Rambert. (Ain).

Échelle de 0,01 p/0.

Crypte de l'ancienne abbaye de St Rambert-en-Bugey.
Coupe longitudinale de la partie centrale.
Echelle de 0,02 p%.

Vue extérieure de la Crypte de l'ancienne abbaye de St Rambert en Bugey.

Chapiteaux de l'abside septentrionale.

Ancienne Abbaye de St Rambert (Ain)

Chapiteau de la façade de l'église

Statue de St Rambert
adossée à l'une des colonnes de la façade

Saint-Rambert-en-Bugey.

Chapiteau de l'ancienne église abbatiale.

Statue de St Domitien.

Chapelle du Reclus (Vue du Nord-Est).

Porte Nord de la Chapelle.

Clef de voûte avec écusson de l'abbé de Mareschal. (au Reclus)

Écussons au Reclus.   à l'Abbaye.   à Serrières.

L'ABBAYE

De l'Antique abbaye de Saint-Rambert, on ne rencontre plus aujourd'hui que des débris épars et presque méconnaissables. Nous essayerons toutefois de réunir par la pensée ces restes d'un passé illustre. Nous n'y trouverons pas les éléments d'une restauration complète, mais, du moins, nous nous ferons d'après eux une idée approximative de l'importance monumentale que dut avoir le couvent.

Les bâtiments de l'abbaye s'étendaient sur un plateau exposé au levant et au sud, à cent mètres environ du torrent de Brevon et sur sa rive droite. Leur élévation au-dessus de son niveau était à peu près de cinquante mètres, et leur distance de l'Albarine d'un peu plus de deux cents. Abrités au couchant par les hautes crêtes d'Angrière, et au nord par le contre-fort de Mont-Joux, dont le ruisseau de la *Fondrière* les séparait, ils occupaient le seul emplacement à la fois praticable, chaud, fertile, et à l'abri des inondations, qu'il y ait dans le voisinage de Saint-Rambert. On a remarqué que les fondateurs de couvent savaient choisir admirablement l'assiette de leurs maisons. Les facilités de la vie, la beauté du site et ce que nous appellerions aujourd'hui le confort, ne les préoccupaient guère moins que le silence et la tranquillité. Aussi n'est-il point certain, malgré l'autorité de la légende, que le choix de saint Domitien fût fondé uniquement sur l'isolement du lieu.

Les particuliers devenus acquéreurs à la suite de la Révolution, ayant démoli le couvent, sauf un fragment vers l'entrée, et la maison du prieur, tous deux relativement modernes et encore dénaturés depuis, on ne pourrait se faire maintenant qu'une idée très-fausse de l'ancien aspect du monastère. Il est bon de savoir que le long espace compris entre l'entrée et la maison du grand prieur, qui existe encore aujourd'hui, était occupé du nord au sud par une ligne de bâtiments ; c'était le logement des religieux proprement dits. Depuis la même entrée, une seconde ligne de construction s'étendait à l'ouest à l'est et faisait un angle droit avec les précédentes ; c'était le petit prieuré et le palais abbatial. D'un autre côté, à la suite de la maison du prieur, existaient quelques maisons destinées aux dignitaires, puis, de l'extrémité de celles-ci jusqu'au palais abbatial, partait en équerre un mur au centre duquel aboutissait perpendiculairement l'église. Ce monument occupait donc à peu près le centre d'un carré presque régulier ; le reste de la superficie était partagé en cours, hangars et jardinets.

En dehors du couvent, du côté du sud, une petite chapelle dédiée à saint Roch s'élevait sur un monticule ; tout auprès était le cimetière de l'abbaye. Une charte de 1268, nous apprend que les corps des habitants de Saint-Rambert, décédés après l'âge de sept ans, étaient enterrés dans ce cimetière, et que les droits de sépulture, les chandeliers ou cierges, et les vêtements précieux des défunts appartenaient aux moines. Il est probable que les enfants étaient enterrés autour de l'église paroissiale, dans le cimetière actuel.

Il ne paraît pas que les constructions de notre abbaye méritent de grands regrets de la part des artistes ni des antiquaires. On n'a trouvé dans leurs débris rien d'orné, rien de monumental, rien même d'ancien ; car nous ne pouvons employer ce mot pour de pauvres moulures du XV⁰ ou XVI⁰ siècle dont les portes étaient entourées ainsi que les fenêtres ; pour de mesquins écussons dont la date la plus reculée serait de 1480 ; enfin pour de longues murailles presque récentes, froides, lisses, monotones, et qui allaient tomber d'elles mêmes, lorsque le marteau du maçon les jeta sur le sol.

LA CRYPTE

Il n'en est malheureusement pas ainsi de l'église, intéressante par son antiquité, sinon par son élégance et ses vastes dimensions. Elle devait ajouter à l'agrément du paysage, et comblerait aujourd'hui une lacune fâcheuse parmi les rares monuments religieux du Bugey. Elle fut démolie en 1793, et, certes, on ne s'attendait pas en voir reparaître une portion remarquable, lorsqu'un éboulement arrivé en 1838, au milieu d'un parterre à la place qu'avait occupée le chœur, fit supposer que la crypte existait encore. L'abside centrale de cette crypte et les arrachements de ses absides latérales se voyaient toujours, il est vrai, au bord d'un chemin où elles servaient de contre-forts au jardin supérieur, mais on croyait l'intérieur anéanti, et le parement défiguré par des réparations maladroites n'attirait nullement les regards. Les déblais terminés, on procéda à une restauration complète. Les murs étaient intacts ; les jours bouchés furent rouverts ; la suppression de l'escalier communiquant avec l'église nécessita une porte dans le milieu de la convexité de l'abside centrale. Les colonnes gisaient renversées, mais les fragments en place et la forme des voûtes indiquèrent leur position. Enfin les amorces des voûtes dirigèrent le rétablissement de leur appareil compliqué. Au-dessus de la crypte on éleva un pavillon qui montre au loin l'emplacement du chevet de l'ancienne église ; on y utilisa quelques chapiteaux assez curieux, trouvés, à différentes époques, en fouillant le sol. Une portion du soubassement des murs du chœur existe encore. Il avait été décoré à deux reprises de peintures à fresque : la plus ancienne, à fond blanc, était composée de guirlandes de fleurs et d'ornements dans le goût du XVe siècle ; la seconde, appliquée sur celle-ci, n'offrait qu'un misérable badigeon jaunâtre, accompagné, en guise de bordures, de draperies rouges à franges jaunes, avec de gros nœuds de distance en distance. Pour la crypte, placée, depuis sa restauration, sous le vocable de saint Domitien, nous la décrirons en peu de mots. Elle se compose, comme nous l'avons, de trois absides en partie souterraines, dont celle du centre a le plus grand diamètre. Celle du sud n'a pas été entièrement déblayée. Toutes sont ornées, dans leur circonférence intérieure, d'arcatures simulées sans ornements, sauf ceux que nous indiquerons plus loin. Leurs archivoltes et les consoles ou colonnes engagées qui les supportent sont en moellons de petit appareil, comme le reste des murs. Trois fenêtres à plein-cintre, nous devrions dire trois meurtrières, éclairaient la crypte centrale ; l'une d'elles a été remplacée par la nouvelle porte ; deux donnent du jour dans les hémicycles latéraux. Quatre colonnes placées en carré dans l'abside centrale, et deux seulement disposées parallèlement au grand axe de l'église, dans les absides latérales, supportaient les retombées des voûtes. Celles-ci grossièrement uniformes et d'une très-petite portée, sont d'arrêtes, à plein-cintre, avec arcs doubleaux. En raison du poids minime qu'elles supportent, les colonnes sont d'une pierre blanche, tendre, tirée sans doute d'Evosge ou de Lacoux. Il serait difficile de trouver quelque chose de plus barbare et de plus désagréable que la forme de ces colonnes. Leurs fûts sans bases, quelquefois d'une seule pièce, sont en fuseaux très-renflés. Les chapiteaux ne sont que des pyramides tronquées, renversées et chanfreinées aux arrêtes verticales. L'autel, placé aujourd'hui à l'occident, contre le mur du fond, était adossé à la portion circulaire de la maîtresse-abside ; sa face, d'une grande pierre commune, n'a qu'une moulure très-simple autour d'un champ légèrement enfoncé ; un charnier a été trouvé audevant. Deux portes s'ouvrent à droite et à gauche dans les absides secondaires ; le linteau de celle qui conduit au nord porte un grand lobe sculpté en creux et semble appartenir à une ancienne restauration. La chapelle qui vient à la suite renfermait un petit escalier communiquant avec l'église supérieure. Les sculptures qu'on y voit sont les seules de toute l'abbaye qui restent encore sur sa place. Ce sont : une main et une tête de taureau grossièrement sculptées sur des consoles, à la naissance de la voûte. Par malheur, la barbarie n'a pas d'époques. La leur, qui est extrême, ferait supposer qu'elles sont l'œuvre d'un enfant, et il est impossible de s'en servir comme d'un point de départ pour fixer l'âge du bâtiment. Nous ne pouvons pas non plus asseoir une supposition sur l'examen seul de l'appareil, qui est ici de moëllons très-réguliers et très-petits, car la facilité de se procurer dans les environs des pierres d'un volume égal, a dû favoriser singulièrement le parallélisme des assises. Toutefois nous serons amené à une date approximative, soit par l'examen des caractères négatifs plutôt que positifs de notre monument, soit par le style ancien des chapiteaux qu'on a trouvés épars autour de lui, soit enfin par la certitude que l'église supérieure, en certaines portions, était l'œuvre du XIe et du XIIe siècle. Nous croyons donc qu'on peut assigner le XIe aux cryptes que nous venons de décrire. Nous ne connaissons rien d'antérieur dans tout le pays.

L'EGLISE

L'abside abbatiale occupait le dessus des trois cryptes et s'étendait bien au-delà du côté du couchant. C'était une basilique de dimensions moyennes, sans transept ni chapelles latérales. Enterrée par les élévations successives du sol voisin, comme celle de tous les vieux monuments, son entrée était précédée d'un porche en bois auquel on descendait par quatre ou cinq marches. Si les anciens du lieu ne se trompent pas, car c'est d'après leurs souvenirs que nous réédifions, la porte était à plein-cintre, supportée par des colonnes et accostée de deux statues. Celles-ci qui existent encore dans le coin d'une cour, sous le nom de saint Domitien et de saint Rambert, mais mutilées et méconnaissables, appartiennent au commencement du XIIIe siècle et sont d'un bon style. Au-dessus de la porte régnait dans toute la largeur de la façade un bas-relief en forme de frise, qui représentait, selon les uns, la *Passion*, selon d'autres, le *Massacre des Innocents* ; il n'en reste pas le moindre vestige. La façade se terminait par un gâble ou pignon très-simple. Le clocher, placé sur le chœur s'élevait à une hauteur considérable ; il était carré, surmonté d'une pyramide à quatre pans en pierres ; ses fenêtres étaient à plein-ceintre et ornées de chapiteaux. De là, ou de l'entrée, viennent probablement ceux que nous trouvons épars dans les environs. Ils sont très-variés, très-originaux et d'un style ancien ; un lion est sculpté sur l'un d'eux. Le plan de l'église de l'abbaye était basilical, c'est-à-dire qu'elle n'avait pas la forme d'une croix, mais celle d'un carré long divisé en trois nefs par des piliers. Elle n'avait pas de chapelles sur les côtés, mais se terminait à l'orient par trois absides, dont celle du milieu était la plus grande. Celle du nord renfermait l'autel dédié à saint Clair ; celle du sud était la chapelle de Notre-Dame-des-Sept-Douleurs. Les fenêtres du chœur avaient quelques vitraux peints. La châsse de saint Rambert était placée derrière le grand-autel. Par devant, le chœur s'étendait presque jusqu'au milieu de l'église, dont il était isolé par une tribune et des boiseries, et son entrée était surmontée d'une voûte en ogive sous laquelle on voyait un calvaire. Les riches stalles de cette enceinte réservée étaient dues au ciseau spirituel et délicat du XVe siècle. Leurs armoiries d'or à la bande de gueules, à six coquilles de même mises en orle, nous apprennent qu'on les devait à Louis ou Georges de Mareschal, qui furent abbés de Saint-Rambert de 1439 à 1481, et un peu au delà. Nous ne connaissons qu'un fragment de ces boiseries : il sert de barrière dans une habitation rurale de Serrière, à deux kilomètres de l'Abbaye ; l'opinion vulgaire qui le prétend tiré de la Chartreuse de Portes est complètement erronée. On a trouvé parmi les ruines du couvent les mêmes armoiries sculptées sur pierre, soit dans de grands cartouches ou alvéoles, soit sur des clefs de voûte, et toujours avec la crosse abbatiale en pal derrière l'écu, ce qui indique que messire de Mareschal restaura plusieurs portions de l'église ou des bâtiments contigus ; mais nous ne saurions dire lesquelles, ces orments ayant été déplacés et dispersés.

L'Abbaye possédait encore un genre de sculpture qui ne nous semble pas très-commun, c'est un dais gothique en terre cuite, avec sa couverte émaillée d'un vert brillant. Il peut avoir appartenu à une chapelle, à un tombeau, un bénitier, etc. Le dernier débris que nous puisssions citer est une cuve baptismale en pierre blanche, octogone et d'une composition aussi gracieuse qu'originale.

Notre inventaire est bien pauvre, sans doute. Puisse cette notice le grossir un jour, en inspirant autour de nous un peu plus de respect pour les œuvres si longtemps négligées de nos pères !

LA RÉCLUSERIE

A mille mètres de Saint-Rambert, sur la route de Belley, on voit, à l'entrée d'un bois et dans un lieu très-solitaire, un petit groupe de maisons qui fut une propriété ou une dépendance de l'abbaye. L'habitation du *reclus* que nous ne pensons pas, malgré son nom, avoir été jamais une recluserie, mais seulement un ermitage, se compose d'une pauvre maison du XVe siècle et d'une chapelle de la même époque. Celle-ci consiste en une nef dont la voûte est à nervures croisées prismatiques, d'un bon dessin, avec une petite abside carrée vers l'Orient : le jour y pénètre par des fenêtres hautes en ogive, et les clefs de voûte embellies de l'écusson si commun chez nous de l'abbé de Mareschal, ne laissent aucun doute sur la date de la construction et sur le nom du fondateur. La maison est précédée d'une niche avec une statue de saint en costume de moine. Tous les voyageurs qui savent voir ont remarqué la forme pittoresque de cet humble oratoire et son heureux effet dans le paysage. Nulle part, dans le reste du Bugey, on ne rencontrerait une vallée plus noble ni plus grandiose que celle-ci, des montagnes plus sévères ni plus majestueuses que celles qui l'entourent, des noyers plus touffus que les siens, une rivière plus poétique ni plus limpide que l'Albarine, qui lui donne à la fois la fraîcheur et la vie. Comme tous les monuments bien placés, le modeste sanctuaire paraît l'accessoire obligé et, pour ainsi dire, contempoporain de ce paysage étonnant. Serait-il donc vrai que les siècles passés furent toujours pourvus d'un sens qui nous manque aujourd'hui ? Nous voulons dire ce tact exquis dans le choix du terrain et dans la forme générale des constructions, auquel ne peuvent suppléer ni la perfection des détails, ni la grandeur réelle de l'ensemble, ni la coquetterie ou le luxe de l'entourage.

(LEYMARIE. — *Not. histor. sur Saint-Rambert.*)